HOMMAGE

A LA MÉMOIRE

DE

M. A. DE QUATREFAGES DE BRÉAU

DISCOURS

PRONONCÉ A L'OUVERTURE DU COURS D'ANTHROPOLOGIE DU MUSÉUM
D'HISTOIRE NATURELLE, LE 31 MAI 1892.

PAR

LE Dʳ E.-T. HAMY

MEMBRE DE L'INSTITUT, PROFESSEUR AU MUSÉUM

PARIS
ERNEST LEROUX, ÉDITEUR
28, RUE BONAPARTE, 28

1892

HOMMAGE

A LA MÉMOIRE

DE

M. A. DE QUATREFAGES DE BRÉAU

DISCOURS

PRONONCÉ A L'OUVERTURE DU COURS D'ANTHROPOLOGIE DU MUSÉUM
D'HISTOIRE NATURELLE, LE 31 MAI 1892.

PAR

Le Dr E.-T. HAMY

MEMBRE DE L'INSTITUT, PROFESSEUR AU MUSÉUM

PARIS

ERNEST LEROUX, ÉDITEUR

28, RUE BONAPARTE, 28

1892

HOMMAGE A LA MÉMOIRE

DE

M. A. DE QUATREFAGES DE BRÉAU

31 mai 1892.

Le maître vénéré, que nous avons perdu, aimait à répéter en commençant son cours, que sa nomination à cette chaire qu'il occupait si bien, n'avait coûté de larmes à personne, puisqu'elle l'avait fait à la fois le successeur et le collègue de Serres devenu professeur d'Anatomie comparée.

Il aurait pu m'échoir à peu près pareille fortune !... Épargné, lors des récentes transformations du Muséum, par une mesure exceptionnelle, à laquelle nous avions tous applaudi, M. de Quatrefages comptait garder sa chaire, juste assez pour créer un précédent qu'il jugeait utile au corps enseignant du Jardin. Quelques mois encore, il aurait pris un repos justement mérité, assurant par lui-même au fidèle collaborateur de ses vingt dernières années une succession à laquelle sa confiante amitié l'avait dès longtemps appelé.

Ce projet, qu'il me faisait connaître une des dernières fois que j'eus le bonheur de le voir, un mal soudain, inattendu est venu brusquement en empêcher la réalisation. Deux semaines plus tard nous conduisions à sa dernière demeure celui dont nous avions espéré pouvoir longtemps encore entourer de nos affections la verte vieillesse.

J'aurais été heureux, Messieurs, bien heureux, lui vivant, présent peut-être, d'inaugurer ce cours, en me faisant votre interprète et en lui exprimant de mon mieux ce qu'il y a d'admiration, de respect, de reconnaissance dans le cœur de ces disciples et de ces auditeurs auxquels, vingt-huit années durant, il a donné ici l'enseignement à la fois le plus élevé dans le fond et le plus soigné dans la forme. Ce bonheur m'a été refusé ! Ce n'est pas le panégyrique du maître qu'il m'est donné de prononcer, du maître entrant dans l'*honorariat*, chargé de gloire et d'années; c'est une sorte d'oraison funèbre, attristée par la douleur encore toute vive d'un irréparable deuil.

JEAN-LOUIS-ARMAND DE QUATREFAGES DE BRÉAU était né le 10 février 1810 au hameau de Berthezènes (commune de Valleraugue), près de la source de l'Hérault, au pied du massif pittoresque de l'Aigoual. Il était fils de Jean-François de Quatrefages et de Marguerite-Henriette-Camille Cabanes. Sa famille, fort ancienne, avait adopté comme tant d'autres familles cévenoles la religion réformée et y était demeurée inébranlablement fidèle, malgré de longues persécutions. Un arrière-grand-père, le général Carles, avait dû passer à l'étranger après la Révocation de l'édit de Nantes, et pour pouvoir porter l'épée, Jean-François de Quatrefages servit comme lieutenant en Hollande, au régiment de Saxe-Gotha. Il se fit libérer aux premières hostilités entre le stathouder et la République française, rentra en France en juillet 1793 et s'enrôla dans l'armée des Alpes. De retour à Valleraugue en l'an V, il reprenait les travaux agronomiques qui avaient popularisé dans la montagne le nom de ses pères. C'est aux Quatrefages que les Cévennes doivent en partie la substitution du mûrier au châtaignier ; ils ont ainsi largement contribué à propager l'élevage des vers à soie qui, malgré la *maladie*, est encore l'une des grandes ressources du pays.

La première enfance d'Armand de Quatrefages s'est passée tout entière dans le pittoresque canton de Valleraugue, au milieu d'une nature aux aspects particulièrement variés, qui devait à chaque pas éveiller sa curiosité naissante. La vie était simple, grave, dans ces montagnes où l'on avait conservé les vieilles mœurs du temps de la Réforme, et une éducation sérieuse, confiée à un pasteur, vint compléter les vertueux enseignements puisés au foyer domestique. Ce que je connais le mieux de cette période dont le maître parlait fort peu, c'est l'ardeur pour l'étude, et surtout pour la lecture, qu'il a manifestée de très bonne heure. Encore enfant, c'était déjà un liseur infatigable ; il avait d'ailleurs conservé, dans sa vieillesse, un goût très vif pour les livres et il ne laissait jamais, sans les parcourir au moins, les volumes et brochures de toute espèce dont on encombrait sans cesse sa table de travail.

Ces grands liseurs, de jeunesse, ne restent pas toujours des laborieux dans le cours de la vie; ils ne deviennent pas nécessairement des savants ou des lettrés. Mais fréquemment ceux qui ont marqué dans les sciences et dans les lettres ont commencé par lire et relire beaucoup, Balard, Gubler, Henri Martin, Broca, François Lenormant, pour ne nommer que des morts que j'ai bien connus, étaient tout jeunes encore de vraies bibliothèques vivantes, et Alfred Maury, qui a suivi de si près dans la tombe son vieil ami de Quatrefages, avait compromis sa vue dans des lectures précoces. Tel académicien de nos jours est cité pour avoir jadis lu mot par mot le *Dictionnaire de l'Académie* tout entier; tel autre aurait, adolescent, dévoré les soixante volumes du *Dictionnaire des sciences médicales*. Armand de Quatrefages a fait plus encore : il a lu d'un bout à l'autre l'*Encyclopédie méthodique*, dont un vieux cousin possédait un exemplaire. Maintes fois, aux jours de congé passés aux Angliviels, le jeune homme, dont on avait perdu la trace, fut retrouvé, en quelque coin, absorbé dans la lecture de l'un ou de l'autre des gros volumes de cet immense recueil. Il amassait ainsi, pour l'avenir, un peu confusément, les trésors d'une érudition variée et se faisait à lui-même un bagage très personnel, qui devait lui permettre d'aborder bientôt, tour à tour et avec succès, au gré des circonstances, les mathématiques, la chimie, la médecine pratique et enfin les sciences naturelles.

Ce furent les sciences mathématiques qui l'attirèrent tout d'abord. A Tournon, où on l'avait envoyé terminer ses études, il s'était fait distinguer d'un jeune professeur de talent, M. Sornin, qui l'emmena à Strasbourg, lorsqu'un peu plus tard (1827), il obtint la chaire d'astronomie de la Faculté de cette ville. Armand de Quatrefages, ayant terminé, sous les auspices de Sornin, ses études secondaires, voulut donner à son maître une marque spéciale de sa reconnaissance, et au baccalauréat, nécessaire pour commencer la médecine à laquelle l'appelait la volonté paternelle, il joignit spontanément la licence et le doctorat ès sciences mathématiques.

La thèse, passée le 29 novembre 1830 par ce candidat de vingt ans, avait pour titre *Théorie d'un coup de canon*.

Peu après, un concours s'ouvrait pour une place d'aide-préparateur de chimie et de physique à la Faculté de médecine On engagea le jeune docteur à se présenter : de mathématicien il se fit physicien et chimiste. Après une courte préparation il était en mesure de subir victorieusement les épreuves du concours contre des adversaires depuis longtemps entraînés à la lutte. C'est alors qu'il se lia avec le chimiste Cailliot et avec Meunier, le beau-frère de celui-ci, d'une affection qui ne s'est jamais démentie.

Il est resté du passage d'Armand de Quatrefages dans le laboratoire de Strasbourg un petit travail *sur les Aérolithes*.

Le doctorat ès sciences conquis à un âge où l'on n'est habituellement que simple bachelier, la position d'aide-préparateur à la Faculté, si brillamment enlevée, avaient fait à Armand de Quatrefages une position à part dans la jeunesse universitaire de Strasbourg. Son savoir exceptionnellement varié s'imposait aux camarades et il avait dès lors des qualités d'élocution qui en faisaient dans les réunions d'étudiants un orateur influent et écouté. Ce fut lui qui prit la parole au service funèbre célébré en l'honneur de Benjamin Constant, le 16 décembre 1830 ; lui encore qui salua, au nom des étudiants, la tombe de Quesnel, un ancien soldat de la Grande Armée qui s'était joint à la première insurrection polonaise. Ce fut lui enfin qu'on choisit en février 1831 pour présider la *Société littéraire* qu'on venait de fonder sous le nom de *Casino*.

Celui qui devait plus tard être à la tête des plus grands corps savants de notre pays aborda son premier fauteuil le 6 mars 1831, dans une modeste salle du vieil Hôtel de la place Saint-Étienne, transformée pour la circonstance, assis entre Gabriel Tourdes, plus tard professeur apprécié à Strasbourg, puis à Nancy, et Gustave Billing, dont les hasards de la vie firent un chambellan de Ferdinand de Cobourg et un comte de Treuberg. On a conservé le discours, plein de généreuses imprudences, prononcé par le jeune président, dans ce milieu encore tout exalté par les événements qui venaient de se succéder à Paris.

Les réunions du Casino durèrent peu, la discorde se mit entre les adhérents et le président fut bientôt complètement rendu aux études pratiques, qu'il poursuivait d'ailleurs laborieusement à la Faculté de médecine.

En 1832, à vingt-deux ans, il passait sa thèse sur l'*Extroversion de la vessie* et, après un court séjour à Montpellier et à Paris, où il suivit surtout les cliniques de Lallemand, de Louis et de Civiale, il rejoignait sa famille à Toulouse. Le vieux Dr Massol l'attendait pour prendre sa retraite, et lui donner sa clientèle. Le jeune praticien vécut d'abord absorbé par l'exercice de la profession médicale dans laquelle il réussissait beaucoup, malgré sa grande jeunesse : il avait apporté avec lui les instruments de la lithotritie

et le premier il pratiqua à Toulouse l'opération du broiement de
la pierre en 1834. Il fondait deux ans plus tard avec le Dr Dassier
le *Journal de médecine et de chirurgie de Toulouse*, qui se publie
encore aujourd'hui. En 1835 il avait pris une large part à la préparation de la deuxième session du *Congrès méridional*; il semble,
à en juger par les discours prononcés par lui à l'occasion de cette
grande réunion, qu'il a dès lors nettement pressenti le rôle que
joueraient dans notre vie scientifique ces Congrès dont il serait
plus tard un des adhérents les plus empressés. Armand de Quatrefages voyait de haut et de loin, et l'on est plus surpris encore
de constater ses généreux efforts en faveur de l'introduction au
programme du Congrès toulousain de cette grave question du
prolétariat, question qui ne devait être abordée d'une manière
scientifique que près de quarante ans plus tard.

Armand de Quatrefages continue à pratiquer la médecine et à
diriger son *Journal*. Mais le goût des sciences naturelles, qu'il avait
puisé dans la vie rustique de ses jeunes années, reprend peu à
peu le dessus et devient irrésistible. La passion pour la recherche,
qui dès lors va le dominer tout entier, ne peut trouver un aliment
suffisant dans les études cliniques de chaque jour et tout en conti-
nuant à visiter ses malades, le jeune docteur se met à rédiger diverses
observations de zoologie, et notamment un travail sur l'*Embryologie des Planorbes et des Limnées* et un autre sur la *Vie intrabranchiale
des petites Anodontes*. Ce dernier mémoire qui met hors de doute
l'existence chez les Mollusques de métamorphoses aussi tranchées
que celles des Insectes attire sur son auteur l'attention des naturalistes. Une chaire de zoologie est vacante à la Faculté des
sciences, Salvandy lui en fait offrir l'intérim et il n'hésite pas à
sacrifier une profession lucrative contre le très modeste emploi
de chargé de cours. Tout est à faire; il n'y a pas de collections, pas
de préparateur, pas même de garçon de salle et le crédit inscrit au
budget de la chaire s'élève en tout à 90 francs! Il entre bravement
en fonctions, crée un petit musée de démonstration, et tout en
faisant très régulièrement ses leçons, publie son premier mémoire
sur l'*Embryologie des Anodontes*. Mais on lui avait promis, en même
temps que la chaire dont un troisième doctorat devait lui assurer
la possession définitive, la direction du Jardin des plantes de
Toulouse On fait un autre choix et le jeune professeur, blessé d'un
tel manque de foi, découragé d'ailleurs de ce travail isolé et sans
matériaux, auquel, alors bien plus encore qu'aujourd'hui, le sé-

jour en province condamnait les naturalistes, donne sa démission et part pour Paris, qu'il connaît un peu déjà et où sa vocation l'attire. Il y achève tout aussitôt son troisième doctorat, celui des sciences naturelles, et s'établit modestement non loin de ce Jardin des plantes où quinze ans plus tard il prendra la place de Serres. Son budget est des plus modiques et, pour vivre dans la capitale et couvrir les frais des recherches sur lesquelles il compte à bon droit pour parvenir, il lui faut avoir recours à son pinceau et à sa plume. Tout en poursuivant ses travaux, il rédige des articles de revues et de journaux, et fait pour qui les lui commande des dessins ou des aquarelles.

On n'a pas suffisamment insisté, dans les nombreuses notices consacrées depuis janvier dernier à la biographie de notre cher défunt, sur les côtés artistiques de cette belle et complexe nature. Armand de Quatrefages était un peintre d'histoire naturelle, d'une exactitude, d'une finesse d'exécution. d'une fraîcheur de coloris, qu'Alexandre Lesueur a seul dépassées dans quelques-uns de ses plus admirables vélins. Il mit ce talent fidèle et délicat au service des grandes publications d'histoire naturelle qui se poursuivaient alors, et notamment du *Règne animal* de Cuvier, dont Henri Milne Edwards dirigeait une magnifique édition et ce lui fut, comme aussi sa collaboration fréquente à la *Revue des Deux-Mondes*, une ressource sérieuse pour continuer son entreprise.

J'ai prononcé le nom d'Henri Milne Edwards. Permettez-moi de m'arrêter quelques instants pour saluer avec une respectueuse reconnaissance la mémoire de celui qui fut mon premier maître au Muséum et qui, en me faisant entrer à l'École des Hautes-Études en 1868. m'a ouvert la carrière de l'enseignement.

Bien longtemps auparavant, dès 1841, Henri Milne Edwards avait été le conseil et le soutien d'Armand de Quatrefages, dont il avait promptement reconnu les qualités exceptionnelles, et ce fut lui qui l'engagea dans l'étude des Invertébrés marins qui devait lui procurer de si précieuses découvertes.

A cette époque les naturalistes étaient fort préoccupés de savoir ce qu'il fallait penser de la complication organique chez les animaux inférieurs. D'une part, Ehrenberg, fort de ses magnifiques travaux sur les Rotateurs attribuait aux vrais Infusoires eux-mêmes une organisation relativement fort élevée. D'autre part, Dujardin, entraîné par les belles observations qu'il avait faites chez les Rhizopodes, exagérait le rôle du *sarcode* (le *protoplasma*

d'aujourd'hui) et considérait comme des êtres simples des orga-
nismes fort supérieurs aux Infusoires. L'extrême petitesse des divers termes de comparaison invoqués dans cette grande querelle
compliquait particulièrement le problème. Armand de Quatrefages
qui, grâce à ses études médicales, connaissait bien l'Homme et
les animaux supérieurs, qui d'autre part avait, au microscope,
longuement étudié les vrais Infusoires et quelques types voisins,
estimait que la *dégradation organique*, ainsi que l'on disait alors,
devait présenter bien des échelons et pouvait bien être plus ou
ou moins indépendante de la taille. Il comprit que pour éclairer
cette question générale et les nombreuses questions secondaires,
anatomiques ou physiologiques, qui s'y rattachent, il est nécessaire de recourir à l'étude des animaux inférieurs de grandes di-
mensions. Mais les types de cette nature n'habitent que les mers
et on ne peut les bien étudier que vivants. Il avait d'ailleurs vite
épuisé les ressources du Muséum alors encore médiocres, et il
commença la série de ces campagnes d'explorations littorales,
dont les *Souvenirs d'un naturaliste* ont donné, bien plus tard, les
attachants récits.

Les jeunes naturalistes qui s'occupent aujourd'hui de zoologie
maritime ne sauraient se faire une idée exacte des difficultés que
devaient surmonter, il y a cinquante ans, leurs illustres devanciers.
Ils ont à leur disposition, dans dix-sept stations distribuées le long
du littoral français, toutes les commodités imaginables, vastes
laboratoires, livres et microscopes, instruments de dissection,
liquides conservateurs, etc., quelquefois, en outre, la pension et
le gîte, et toujours les lignes ferrées pour gagner la mer. Il y a
un demi-siècle les Milne Edwards, les Audoin, les Quatrefages, les
Blanchard étaient obligés de confier à de cahotantes diligences,
sur des routes mal entretenues, l'énorme et fragile bagage de leurs
flacons, de leurs alcools, de leurs instruments de toute sorte, et
c'était sur la table boiteuse de quelque mauvaise chambre d'au-
berge, qu'il leur fallait trier, classer et étudier les produits de
leurs fouilles dans les sables ou sous les rochers. Le premier voyage
d'Armand de Quatrefages le conduisit aux Chausey. H. Milne
Edwards et Audoin avaient rapporté de ces îles les matériaux de
leurs belles recherches sur les Crustacés. Les résultats de cette
première campagne dépassèrent toutes ses espérances; il décou-
vrit non seulement bien des espèces entièrement nouvelles, mais
encore un certain nombre de types regardés jusqu'alors comme

*

étrangers à notre faune maritime, et il put, dès la fin de 1842, commencer la série des grandes monographies qui devaient, au bout de dix ans, lui ouvrir les portes de l'Académie des Sciences.

Il consacra, depuis lors, chaque année, de longs mois à explorer les côtes. Le petit archipel de Bréhat, Saint-Vaast-la-Hougue, Boulogne-sur-Mer, Saint-Malo, Guettary, Saint-Sébastien, La Rochelle furent ses principales stations. Il pêchait, il disséquait, dessinait et décrivait; puis en quelque article, d'un style élégant et disert, il contait aux lecteurs de la *Revue des Deux-Mondes* ses impressions de voyage. Rentré à Paris, il rédigeait définitivement les dissertations, illustrées de fort beaux dessins, dont il a si longtemps enrichi les *Annales des sciences naturelles*. On a compté que de 1840, date de son arrivée à Paris, jusqu'à 1852, année de son entrée à l'Académie des sciences, il a publié 84 mémoires de zoologie, dont plusieurs fort développés, comme celui où il fait connaître les résultats d'un voyage, demeuré justement célèbre, accompli aux côtes de Sicile avec Milne Edwards et M. Blanchard.

Pour récompenser ses premiers travaux l'Académie l'avait adjoint à la mission zoologique, qu'Henri Milne Edwards était chargé de diriger sur le littoral sicilien. Les trois naturalistes, montés sur un bateau non ponté, suivirent les côtes de Favignano à Catane, fouillant les profondeurs des eaux et rapportant une superbe récolte scientifique.

Ces travaux et bien d'autres, dans l'énumération desquels il m'est impossible d'entrer ici et qui portent presque toujours sur des êtres à organisation réduite, Mollusques, Annelés, Rayonnés, dont l'auteur étudie le développement, la structure et les fonctions, ces travaux, dis-je, valurent à M. de Quatrefages la chaire d'histoire naturelle au lycée Henri IV en 1850, et en 1852, le fauteuil de Savigny à l'Académie des sciences. C'était la première fois qu'un membre de l'enseignement secondaire prenait place dans cette illustre assemblée. Il est vrai que le professeur d'Henri IV ne devait plus attendre, bien longtemps, la situation qui lui était due dans l'enseignement supérieur; seulement ce ne fut pas la chaire sur laquelle il pouvait compter qui lui fut dévolue. Une autre vacance, très imprévue, vint à se déclarer au Muséum, et M. de Quatrefages, qui ne trouvait dans son enseignement de collège que des satisfactions restreintes, se décida, non sans hésitation, sur les conseils de ses maîtres et de ses amis, à tenter l'aventure.

Ce fut très heureux pour le Muséum et pour l'anthropologie.

Serres occupait depuis 1839 la vieille chaire d'anatomie humaine, si longtemps détenue par Portal, et qu'on avait en 1832 transformée pour Flourens en chaire d'*histoire naturelle de l'Homme*. Il y faisait des leçons, enlevées avec verve, souvent ingénieuses, toujours pittoresques, parfois bizarres, mais dans lesquelles l'anthropologie, telle que nous la comprenons maintenant, n'avait habituellement qu'une place très secondaire. Des considérations sur l'anatomie transcendante ou philosophique en faisaient le sujet le plus habituel, le professeur développait aussi avec abondance les *lois* qu'il avait formulées sur l'embryogénie ou sur la tératogénie, mais, bien rarement, il abordait l'examen de certains points de notre ethnographie nationale sur laquelle, ne l'oublions pas, il avait de temps en temps des vues fort exactes et fort justes. Il aurait pu, s'il avait écouté les exhortations de son ami, le philosophe Jean Reinaud, devancer Davis et Thurnam dans l'étude des vieilles races occidentales, et nous donner, avant les *Crania Britannica*, les *Crania Gallica* qui restent encore à faire. Il aurait pu surtout mettre la dernière main à cette étude sur les races d'Algérie, commencée avec Walckenaer et dont les planches seules ont paru.

Mais il avait rêvé de s'asseoir un jour dans le fauteuil de Georges Cuvier et de codifier, du haut de cette sorte de trône scientifique, pour toute la nature ancienne et actuelle, une nouvelle *zoogénie*. Duvernoy vint à mourir et Serres obtint de réaliser son rêve.

Serres une fois nommé à la chaire d'anatomie comparée, il n'y avait plus d'anthropologiste de profession pour prendre sa place. La pléiade fantaisiste de la Restauration avait vu disparaître en 1847 le dernier de ses survivants, le prolixe et superficiel Virey. Des naturalistes voyageurs qui, de 1817 à 1842, avaient fait une si large place à l'histoire naturelle de l'Homme dans nos grands voyages de circumnavigation, aucun n'avait persévéré dans l'étude des races humaines et l'administration de la marine avait dû en 1854, pour faire exécuter le volume *Anthropologie* du *Voyage au Pôle sud*, invoquer l'aide laborieuse et intelligente de M. Émile Blanchard. Le corps enseignant de province ne comptait qu'un seul professeur, ayant écrit sur l'anthropologie, c'était Hollard, une sorte de Virey à rebours, qui venait de donner un petit volume antiesclavagiste. Au Muséum, Serres avait bien eu quelques élèves, Giraldès, Jules Brongniart, etc., mais ils s'étaient tournés l'un après l'autre vers les sciences médicales. Seul, Pierre Gratiolet, ancien suppléant de Blainville, et depuis treize ans aide-naturaliste d'anatomie comparée, pouvait faire valoir, à l'appui de sa candidature, un important mémoire sur *les Circonvolutions céré-brales de l'Homme et des Primates* qui venait d'être couronné par l'Académie des Sciences.

M. de Quatrefages détachait, de son côté, de l'ensemble de son œuvre les pages intéressantes qu'il avait consacrées, chemin faisant, aux populations du littoral de la France et il invoquait le rôle actif qu'il avait joué à la Société d'ethnologie pendant les derniers temps de l'existence de cette compagnie savante. Chevreul tenait pour Gratiolet, Milne Edwards soutenait M. de Quatrefages. La lutte fut courte, mais ardente, et les journaux du temps nous en ont conservé les échos. Le 13 août l'Académie présentait M. de Quatrefages en première ligne par 32 voix contre 12 données à Gratiolet, placé en deuxième ligne par 35 voix contre 6 attribuées à Hollard, et 3 à Jacquart. La nomination suivait de près et le nouveau professeur administrateur entrait en fonctions quelques jours plus tard.

Serres lui laissait un service en bien mauvais état, matériel et personnel : des collections naissantes, confusément entassées dans un local insuffisant ; un laboratoire misérable, ancien atelier abandonné par les employés du moulage, mal clos et mal chauffé ; un aide-naturaliste, vieilli et lourd, uniquement préoccupé de disséquer avec minutie quelque serpent python tiré de l'alcool (c'est ce que Serres, en un jour de malice, avait qualifié, sur étiquette, de *rameau erpétologique de l'anthropologie*) ; un préparateur enfin, juste assez intelligent pour grandir un dessin ou raccommoder à peu près proprement un crâne. Un tel milieu ne pouvait convenir, à aucun point de vue, au nouveau titulaire et, après quelques tentatives d'améliorations demeurées infructueuses, il prit le parti de travailler chez lui et de faire son laboratoire personnel dans son appartement du quai de Béthune et plus tard dans le logement qui lui fut concédé au pavillon Buffon. Cette résolution a eu une influence décisive sur l'orientation de ses nouvelles études. Il avait eu quelque velléité, au début, de s'occuper d'anthropologie descriptive, mais ainsi éloigné des collections, il a tourné ailleurs son activité et concentré tous ses efforts sur l'étude de l'*anthropologie générale*.

Sa grande préoccupation était *le cours*, devenu promptement célèbre, dans lequel il en formulait les lois. Les premières de ses leçons au Muséum datent de juin 1856 ; nous n'en avons pas le texte même, mais l'ancienne *Revue des Cours publics* en a donné de longues analyses.

On y trouve déjà nettement indiqués les principes et les méthodes dont le professeur ne s'écartera plus guère ; ces principes et ces méthodes, ceux qui m'écoutent en ont apprécié bien des fois l'enchaînement et la logique. Il ne sera donc pas nécessaire d'insister longuement sur leur exposé.

Le premier problème qui se posait au début d'un pareil enseignement, c'était celui de la détermination précise des matières qu'il devait embrasser. M. de Quatrefages, naturaliste avant tout, envisagea la question en naturaliste ; il sentit immédiatement qu'il lui fallait faire l'histoire naturelle de l'Homme comme il aurait fait celle de tout autre animal. Mais l'*individu* humain a été très anciennement étudié par les médecins et par les philosophes ; il n'y a pas à leur faire concurrence sur un terrain depuis si longtemps exploré. Le professeur doit donc se borner à montrer ce qu'est la *collectivité* humaine, vue d'ensemble et considérée dans ses modifications diverses.

Ainsi réduite, la tâche n'en est pas moins lourde à entreprendre et pour celui qui l'aborde le premier, elle va imposer des recherches à la fois très variées et très étendues.

Depuis longtemps Armand de Quatrefages s'est occupé des questions multiples et complexes soulevées par l'étude des espèces. Il les a étudiées dans les livres, sur les bords de la mer, dans les concours d'animaux ou les expositions de plantes. Il a reporté sur l'Homme les résultats de ces recherches et il a résolu, pour lui-même, ce qu'il appelle la *question fondamentale de l'anthropologie* dans le sens de l'*unité spécifique*. Il lui est démontré, par des considérations *uniquement scientifiques*, qu'il n'existe qu'une seule espèce d'Homme et que les divers groupes humains, quelque différents qu'ils se montrent, ne sont que des *variétés héréditaires*, des *races* de cette *espèce*.

L'enseignement de M. de Quatrefages est donc dès le premier jour *monogéniste*. Le professeur se fait d'ailleurs une loi absolue de ne jamais toucher aux considérations dogmatiques ou philosophiques, trop souvent mêlées aux questions de pure science.

Cet enseignement comprendra deux parties distinctes. La première qu'il développera toujours de préférence, et qui occupe deux semestres de quarante leçons chacun, est relative aux questions générales ; la seconde, dont il traite bien plus rarement et qu'il

finit même par laisser presque complètement après 1870, est consacrée à l'étude détaillée des races, surtout des races les moins
avancées en civilisation.

L'étude des questions générales soulève des problèmes particulièrement difficiles, origine et ancienneté de l'espèce, cantonnement
primitif, peuplement du globe par migrations terrestres ou ma-
rines, acclimatement, etc. Pour les résoudre, le professeur invoque
les faits relatifs aux autres êtres organisés, aux plantes comme
aux animaux et n'accepte comme vraies que les solutions qui font
rentrer l'Homme dans les lois communes à toute la création.

L'Homme est, en effet, avant tout un être organisé et vivant : à
ce titre il doit obéir à toutes les lois générales que l'on a reconnu
gouverner les autres êtres organisés et vivants. Par son corps,
l'Homme est un Mammifère, rien de plus et rien de moins, et à
ce titre il est soumis à toutes les lois physiologiques, géographiques et autres qui régissent tous les Mammifères. Pour être
applicable à l'Homme, une doctrine quelconque doit donc le faire
rentrer sous l'empire de ces lois ; toute doctrine qui fait ou tend à
faire de l'Homme une exception dans la nature doit être tenue
pour fausse.

Mais l'Homme a aussi ses facultés propres, son intelligence
suprême dont les manifestations ne sauraient être négligées. Ses
débuts remontent dans le temps au delà de la période géologique
actuelle : dans l'espace, il a peuplé la terre entière, la Polynésie
comme l'Amérique ; il a créé des quantités de langues et d'idiomes :
il est resté sauvage en certains points, en d'autres il s'est civilisé
à des degrés divers. L'anthropologiste, en présence des questions
soulevées ainsi à chaque pas sur sa route, est obligé de recourir pour
y répondre à presque toutes les branches du savoir humain, phy-
siologie et psychologie, géologie, paléontologie, géographie zoologique ou botanique, linguistique, histoire, etc. appelées à lui
fournir l'une après l'autre les renseignements les plus variés et
les plus précieux.

C'est ce qu'a fait M. de Quatrefages. Ses longues lectures du
passé l'avaient bien préparé à certains côtés de cette tâche, il par-
courait et annotait des collections entières de *Revues* ou de
Voyages, et d'innombrables petites fiches, placées dans ses volumes,
sont là pour témoigner de l'intensité du travail auquel il a dû se
soumettre pour préparer ses leçons.

Propagées dans le monde intellectuel tout entier par la plus im-

portante de nos grandes revues littéraires, reproduites à diverses
reprises dans une des feuilles les plus répandues de la presse
scientifique, réimprimées sous forme de livres tirés à un grand
nombre d'exemplaires et traduits en plusieurs langues, les leçons
d'anthropologie générale du Muséum sont connues et appréciées
de tous les esprits cultivés de notre temps.

Tout en créant cet enseignement fondamental, M. Armand de
Quatrefages avait dû mettre la dernière main à ceux de ses anciens
travaux qu'il était en état de finir, comme l'*Histoire naturelle des
Annelés marins et d'eau douce* qui n'a paru qu'en 1865, et à deux
reprises l'Académie des Sciences l'avait envoyé en mission pour
étudier les maladies qui attaquaient les Vers à soie et ruinaient
ses chères Cévennes. L'étude de la pébrine, du négrone et des
autres affections de ces utiles insectes prit la meilleure partie de
son temps pendant les deux années 1858 et 1859 et ce n'est qu'en
1860 qu'il put donner une suite, dans la *Revue des Deux-Mondes*,
à ses précédentes esquises sur les *Métamorphoses de l'Homme et des
animaux*, en publiant la série d'articles, devenue en 1861 le très
intéresant petit volume, depuis fort longtemps épuisé, qui a pour
titre : *Unité de l'Espèce humaine*.

Il entrait, sur ces entrefaites (janvier 1860), à la Société d'anthropologie de Paris, que venait de fonder Broca et prenait bientôt
une part importante aux libres discussions qui donnaient tant d'at-
traits aux séances de cette compagnie. Il y défendait ses opinions
avec mesure et avec tact, et la vivacité des débats auxquels il s'est
souvent trouvé mêlé n'a jamais altéré ses bonnes relations avec
des adversaires pour lesquels il avait de l'estime, parfois une
véritable sympathie. C'est ainsi qu'il entretenait avec Broca, par
exemple, en dohors des assemblées scientifiques, des rapports sui-
vis et amicaux. Ces deux hommes que tant de choses semblaient
devoir séparer, tempérament, caractère, éducation, aptitudes,
avaient en commun à un haut degré l'amour désintéressé de la
science, qui eût suffi à les rapprocher, si dans maintes circonstances, à l'étranger par exemple, en Égypte et en Russie, où je fus
le témoin de leurs actes, le patriotisme ardent qui les animait l'un
et l'autre n'avait encore accentué leur union. Les voyant adopter
presque toujours sur les questions anthropologiques des opinions
diamétralement opposées, on s'est quelquefois figuré, en Allemagne
par exemple, qu'il existait entre eux une sorte d'antagonisme,
dont je n'ai jamais, pour mon compte, découvert aucune trace.

Ce sont les mêmes voix étrangères, au surplus, qui ont plusieurs fois signalé l'état d'hostilité latente qui existerait entre notre vieux Muséum et la jeune association enseignante de la rue de l'École de médecine. J'aurais voulu montrer, le mois dernier, à ces fauteurs de discorde, deux des professeurs les plus autorisés de l'École d'anthropologie poursuivant dans notre laboratoire de la rue Buffon des recherches prolongées sur un point intéressant de l'ethnologie nationale. J'aurais voulu surtout que nos détracteur pussent assister l'an dernier, à ces réunions amicales, où solidement groupés, quelle que fût notre origine, sous la direction générale du maître qui n'est plus, nous travaillions tous ensemble à la préparation d'une exposition spéciale, que des questions d'argent, auxquelles nous restions étrangers, ont seules empêché d'aboutir. Je suis heureux de le proclamer bien haut, puisque l'occasion s'en présente. Non, il n'y a pas d'antagonisme, non, il n'y a pas d'hostilité, entre les deux centres où s'étudient et s'enseignent à Paris les sciences anthropologiques. S'il a pu passer quelques nuages dans notre ciel scientifique ils sont depuis longtemps dissipés.

Quatrefages et Broca siégeaient ensemble au bureau de la Société d'anthropologie de Paris, avec Gratiolet et Trélat, lorsque surgit la découverte de la mâchoire de Moulin-Quignon, qui eut, moins par elle-même que par ses conséquences, une influence si considérable sur le développement de l'anthropologie préhistorique. J'étais alors modeste et laborieux externe à l'hospice de la Salpêtrière, dans le service de M. Charcot, et j'ai gardé le souvenir très vif de cet *événement*, que discutaient avec passion maîtres et élèves réunis journellement dans la salle d'autopsie du vieil hospice. La fameuse mâchoire avait ses détracteurs, chez nous comme à l'Académie, mais, authentique ou non, sa découverte fit plus, je me le rappelle bien, que celle de milliers de silex, pour la thèse encore controversée de l'ancienneté de l'Homme. Gagné par les premiers travaux de Lartet à la cause de l'*Homme fossile*, M. de Quatrefages avait pris parti dès le début pour Boucher de Perthes et son adhésion avait été des plus précieuses pour le vaillant lutteur d'Abbeville. Le 20 avril, ce que l'on a parfois appelé le *procès de la mâchoire* s'ouvrait devant l'Académie des Sciences pour se continuer à la Société d'anthropologie, au Muséum et surtout devant un congrès spécial réuni à Abbeville afin de discuter la trouvaille sur place. M. de Quatrefages prit partout le premier rôle dans le débat. Desnoyers, les deux Edwards, M. Albert Gaudry intervinrent aussi très activement et la cause de l'Homme quaternaire fut définitivement gagnée. C'était, vous le voyez, le Muséum, sceptique avec Cuvier et son école, lorsque les preuves certaines faisaient encore défaut, qui venait au secours de la nouvelle doctrine, maintenant qu'elle se fondait sur une judicieuse interprétation des faits. Ainsi que le disait avec justesse M. Cartailhac, il y a quelques semaines, la science officielle, représentée en ces circonstances par le Muséum de Paris, est souvent suspecte d'hostilité aux idées nouvelles ; « on oublie la responsabilité plus grande qui est son partage. Ses représentants sont arrivés aux fonctions élevées après avoir franchi toutes les étapes et ils ont une longue expérience. Ils ont vu démentir tant de faits d'abord soutenus avec une apparence de raison ; ils ont vu le sort de tant de systèmes prônés et abandonnés tour à tour, qu'ils veulent désormais se mettre en garde contre l'erreur, en réclamant avant de donner leur adhésion des preuves capables d'entraîner l'assentiment général. Dans un monde qui voit superficiellement toutes choses, on les appelle *rétrogrades*, parce qu'ils ne s'arrogent point le droit d'égarer après eux la foule qui leur demande la vérité ».

Nous étions, l'un et l'autre, l'auteur de ces lignes et moi, et bien d'autres de nos camarades, dans la foule qui suivait avec une curiosité passionnée les progrès de cette vérité et qui, s'éparpillant peu après dans nos provinces, allait y propager l'idée nouvelle et multiplier les observations qui l'appuient J'en rapportai, pour ma part, une brochure, rédigée en commun avec mon vieil ami Sauvage, sur les *Terrains quaternaires du Boulonnais et les débris d'industrie humaine qu'ils renferment*, et ce fut pour présenter ce travail à M. de Quatrefages que, pour la première fois, je gravis l'escalier de la maison de Buffon qui devait tant de fois me revoir.

L'accueil du maître fut ce qu'il était toujours à première vue, très bienveillant mais un peu réservé. Les faits que je lui apportais n'avaient rien pour le séduire de façon bien particulière, mais comme, en somme, ces faits venaient compléter des recherches ébauchées par un de ses anciens compagnons de courses au bord de la mer, Bouchard-Chantereaux récemment décédé, il voulut bien consentir à présenter notre brochure à l'Académie des sciences.

Que de travaux sur l'ancienneté de l'Homme et sur bien

d'autres questions touchant à l'anthropologie n'a-t-il pas ainsi patronnés? Que de fois n'a-t-il pas offert un bienveillant appui aux travailleurs, jeunes et vieux, qui lui apportaient quelque observation utile au progrès de notre science?

Je retrouvai M. de Quatrefages à la Société d'anthropologie, aux réunions de la Sorbonne, au Congrès préhistorique. Je le revis surtout pendant le séjour que nous fîmes ensemble en Égypte vers la fin de 1869.

Il avait pris la peine, en même temps qu'il rédigeait pour le Ministère un volumineux *Rapport sur les progrès de l'Anthropologie,* de préparer des instructions ethnologiques que M. Ch. Edmond et Aug. Mariette avaient utilisées à l'Exposition universelle de 1867. De mon côté, j'avais rempli les fonctions de conservateur des collections anthropologiques envoyées à la même Exposition par le gouvernement khédivial. Et pour nous remercier l'un et l'autre de cette collaboration gratuite, le vice-roi nous avait invités avec Broca, Lenormant et cent autres, à visiter à ses frais l'Égypte haute et basse et à assister aux fêtes de l'inauguration du canal de Suez.

Nous avons vécu deux mois ensemble, au milieu des enchantements d'un incomparable voyage, et c'est à cette époque que remontent les relations scientifiques, de plus en plus intimes, qui ont fait successivement de celui qui vous parle le collaborateur, l'aide-naturaliste, le suppléant et le successeur désigné du vieux maître.

Interrompus par l'investissement de Paris, au cours duquel M. de Quatrefages montra tant de calme courage dans le Muséum bombardé[1], ces rapports recommencèrent actifs dès février 1871,

---

1. On lira avec intérêt à ce sujet une lettre que M. de Quatrefages m'écrivait le 7 février 1871 : « Je reçois votre lettre et elle me réjouit trop le cœur pour que je n'y réponde pas sur-le-champ. Moi aussi je vous avais écrit avant même l'investissement à l'adresse que vous m'aviez laissée. Ne recevant aucune réponse, sachant que Baillière n'avait pas non plus de vos nouvelles, j'étais très sérieusement inquiet sur votre compte. Grâce à Dieu, vous êtes sain et sauf! J'en suis vraiment heureux. Comme vous je m'abstiens et pour sause de toute réflexion sur le passé et le présent. Parlons d'abord du Muséum Il a reçu quatre-vingt-quatre obus. Grâce aux précautions prises, les neuf qui sont tombés sur nos établissements scientifiques ont produit surtout des dégàts matériels. La serre seule a perdu un certain nombre de plantes qui n'étaient encore cultivées que chez nous. — Personne n'a été blessé dans l'établissement. MM. Chevreul et Edwards l'ont toutefois échappé belle. S'ils

et en juillet je prenais officieusement la direction des travaux qui
devaient réparer dans nos galeries les désastres des deux sièges.

J'ai été dès lors très directement mêlé, au moins pendant quelques années, à la vie scientifique de M. de Quatrefages. C'est
l'époque de la publication des *Crania Ethnica*; permettez-moi de
ne m'y point arrêter et de rappeler seulement ici que c'est très
peu de jours avant la déclaration de guerre que j'ai rédigé la
description *de visu* du fameux crâne de Canstadt, qui commence
ce volumineux ouvrage, et que c'est le 16 août 1880 que M. de
Quatrefages a signé cette préface, qui fait tant d'honneur à son
équité, et dans laquelle il déclare que *la réalisation de l'ouvrage
est restée à bien peu près en entier* à la charge de son collaborateur.

Les descriptions anatomiques, que je lui communiquais au fur et
à mesure de l'avancement de l'œuvre, ramenaient son attention
sur ces races sauvages, dont il avait effleuré l'histoire dans les
premières années de son enseignement. Depuis 1870, il était l'un
des *auteurs* du *Journal des Savants*, et il y a donné pendant une
dizaine d'années, à l'occasion de livres nouveaux de voyages ou
d'ethnographie, cette longue série d'articles très étudiés sur la
Tasmanie, la Nouvelle-Zélande, les archipels mélanésiens, l'Afrique
méridionale, etc. qui ont formé plus tard le livre si attrayant inti-
tulé : *Hommes fossiles* et *Hommes sauvages* (1884): je ne saurais ou-
blier que l'un des chapitres de ce volume reproduit deux articles du
Journal des Savants imprimés en 1871, appréciant avec une indul-

---

n'eussent été absents dans le moment, ils étaient tués, l'un dans son lit
(M. Edwards), l'autre à sa table de travail. Notre maison, la maison de Buffon,
a échappé comme par miracle. Elle a été cernée par les obus sur ses quatre
faces à quelques mètres de distance. L'un d'eux, tombé dans mon jardinet, a
éclaté sous terre. Un autre a fait explosion dans la rue de Buffon, a criblé le
mur et a fracassé deux vitres dans mon cabinet... Nous avons dû démé-
nager et, après avoir reconnu à l'user que le salpêtrage rendait nos caves
inhabitables, nous avons accepté l'hospitalité chez des amis de la rive droite,
sauf à revenir remplir nos fonctions, ma femme de dame patronnesse, et moi
de professeur-administrateur. Point d'accident dans ces allées et venues qui
n'étaient pas sans quelques chances. Nous nous en sommes donc parfaitement
tirés, sauf les douleurs que j'ai prises dans notre cave et dont je me ressens
encore un peu.

« Dès les premiers temps du siège nos précautions étaient prises. Environ
soixante mille bocaux renfermant les objets dans l'alcool avaient été mis dans
les cryptes des serres. En outre j'avais fait démonter, mettre en caisse et des-
cendre dans une cave voûtée la collection entière des crânes. Nous aurons
une terrible besoge pour nous y retrouver. Vous nous aiderez... »

gence un peu partiale mon premier livre d'anthropologie. Le petit volume *sur les Pygmées* (1887), l'Introduction à l'*Histoire générale des races humaines* (1889) reflètent les mêmes préoccupations ethnologiques. Ces travaux incidents détournaient à peine momentanément leur auteur des grandes questions naturelles qui avaient toujours eu ses préférences. Il revenait avec *L'Espèce humaine*, le plus répandu de tous ses écrits (il a eu 9 éditions) ou avec l'*Introduction à l'Encyclopédie d'hygiène*, à l'exposé de ses doctrines d'anthropologie générale et avec ses études sur les théories de Darwin ou d'Agassiz, de Wallace, de Romanes, etc., il abordait la question aujourd'hui si controversée de l'origine et de la nature des espèces et combattait l'idée transformiste et la doctrine des origines simiennes de l'Homme.

C'est dans cette dernière série de discussions, qu'il poursuivait encore à la veille de sa mort, que M. de Quatrefages a le plus complètement mis en évidence l'ensemble de ses qualités scientifiques, littéraires et morales. Nulle part ailleurs, il n'excelle, au même point, dans la réfutation ; nulle part, non plus, il ne se montre plus équitable pour l'adversaire. S'il met en défaut le système, en rendant manifestes ses contradictions ou ses faiblesses, il est heureux de rendre justice au savant, dont il parle toujours avec une courtoisie parfaite. Personne n'a été plus équitable que lui pour Charles Darwin, et vous connaissez tous cette lettre, fréquemment citée, dans laquelle l'illustre naturaliste anglais, répondant à son redoutable contradicteur, écrivait cette phrase :

« Je puis dire en toute sincérité que j'aime mieux être critiqué par vous de cette façon que d'être loué par bien d'autres. »

Et Darwin ajoutait : « Vous parlez plus loin de ma bonne foi, et nul compliment ne peut me faire un plus grand plaisir : mais je puis vous rendre ce compliment avec intérêts, car chaque mot que vous écrivez porte l'empreinte de votre véritable amour de la vérité. »

Ce fut l'intervention très personnelle de M. de Quatrefages qui assura la nomination de Darwin comme correspondant de l'Académie des sciences[1], et c'est M. de Quatrefages encore, se préoccu-

---

1. J'ai conservé un billet où M. de Quatrefages s'excusait de ne pouvoir se trouver à un rendez-vous qu'il m'avait donné. Il était convoqué à l'Institut et il ne voulait point être en retard. « Il s'agit de la candidature de M. Darwin, à la correspondance, et je suis tenu de ne pas manquer pour la soutenir, car elle est vivement attaquée. Vous comprendrez ce sentiment qui me fait désirer d'être exact. »

pant uniquement, suivant ses propres expressions, « de l'homme
qui consacra sa vie entière au travail scientifique, qui aborda avec
bonheur quelques-uns des problèmes les plus ardus que présen-
tent les êtres vivants, et qui, par la direction toute spéciale de
ses recherches et le succès qui souvent les couronna, a rendu à
la science positive des services éclatants », c'est M. de Quatrefages,
dis-je, qui vint demander à ses confrères et aux savants français
de contribuer aux frais du monument élevé dans le péristyle du
British Museum au grand naturaliste anglais.

J'emploierais volontiers les mêmes termes, si j'avais à rédiger
le projet de souscription au monument que nous irons inaugurer
un jour à Berthezènes.

Ainsi que je le disais, il n'y a qu'un instant, l'analyse critique
et la réfutation des théories transformistes occupaient encore M. de
Quatrefages, lorsqu'il fut atteint par le mal qui devait l'emporter.
Il avait à peu près terminé une seconde édition de son livre
Charles Darwin et ses précurseurs français ; j'en ai corrigé les
épreuves et elle doit sous peu paraître. Il avait simultanément
préparé un autre volume, *Les émules de Darwin*, pour lequel mon
collègue et ami M. Edmond Perrier rédige une préface.

Ce n'est pas seulement par ses écrits et par ses leçons que M. de
Quatrefages a exercé une longue influence sur la science de son
temps. Il a rendu de grands et signalés services dans les commissions officielles, dans les Académies et dans les réunions de Sociétés libres ou de Congrès dont il faisait partie.

Il a dirigé les travaux de la *Commission du Mexique* (1864-1867)
et pris une part souvent importante à ceux de la *Commission des
Missions scientifiques*, du *Comité des Travaux historiques et des
Sociétés savantes* et des Commissions spéciales des Expositions
universelles de 1878 et de 1889.

J'ai dit quelques mots en passant de son rôle à l'Académie des
Sciences. J'aurais pu insister plus longuement sur les communica-
tions fréquentes et écoutées, adressées à cette compagnie qu'il
présida en 1873.

Je devrais aussi vous le montrer unissant ses efforts à ceux de
Claude Bernard, de Broca, de Wurtz, pour ne point parler des
vivants, et fondant notre grande *Association française pour l'a-
vancement des sciences* dont il a dirigé les deux premières réunions
à Bordeaux et à Lyon.

Nous l'avons vu à la Société d'ethnologie, puis à la Société

d'anthropologie. Il fréquentait plus assidûment encore la Société
de géographie, qui l'avait comblé d'honneurs. Cinq fois il avait été
vice-président et six fois président de la Commission centrale,
quatre fois on l'avait élu vice-président de la Société; il était,
depuis 1875, président honoraire et président effectif depuis la
fin de l'année 1890. Il aimait particulièrement ce milieu à la fois
instructif et pittoresque, où il retrouvait rajeunis les héros de
ses lectures à travers les anciens voyages. Il interrogeait les ex-
plorateurs, discutait avec sa coutumière aménité les observations
qu'ils avaient recueillies, et prodiguait conseils et encouragements.
M. de Quatrefages fut, avec l'amiral de la Roncière, l'un des pro-
moteurs de l'exposition internationale des sciences géographiques
qui, fut la première manifestation de notre relèvement après l'*année terrible*. Déjà en 1871, il siégeait au bureau du Congrès international d'Anvers. Il a occupé aussi une très grande place dans
nos Congrès internationaux d'anthropologie et d'archéologie pré-
historiques qu'il suivait avec régularité et qui l'ont élu cinq fois vice-
président titulaire à Paris, à Copenhague, à Bologne, à Bruxelles
et à Stockholm; il en présidait la dixième session au Collège de
France pendant l'Exposition universelle de 1889.

M. de Quatrefages avait une place à part dans ces réunions cos-
mopolites. Il y était l'orateur favori d'un large public international
et M. R. Virchow, un de ses antagonistes périodiques, dans l'article
un peu agressif, mais surtout ému, qu'il a consacré à son ancien
adversaire, rend pleine justice, au nom de ses compatriotes, à
ces qualités de parole. « Il nous paraissait à nous, étrangers (je
traduis textuellement), comme la plus pure expression de l'idiome
français cultivé. Lorsqu'on entendait l'aisance suprême de ses
discours, l'élégance de ses expressions, l'exquise urbanité de sa
forme, même dans une discussion à l'improviste, on comprenait
bien qu'il fût tenu par ses compatriotes pour un maître de la parole »...

Une dernière fois, il y a dix-huit mois, M. de Quatrefages avait
encore brillamment présidé un Congrès international, celui des
Américanistes, tenu à Paris en octobre 1890, et il se disposait à
retourner, pour un Congrès encore, au mois d'août prochain, dans
cette ville de Moscou où il avait trouvé jadis un accueil si empressé.
Il comptait pour résister aux fatigues de ce voyage sur une cons-
titution demeurée vigoureuse; à l'âge avancé, qu'il avait douce-
ment atteint, il n'avait aucune maladie grave, et presque pas d'in-

firmités; seule une pâleur de la face, de plus en plus accentuée, pouvait inquiéter ses amis. M. de Quatrefages avait encore prononcé sans fatigue le 18 décembre devant la Société de géographie une de ces allocutions familières, si goûtées de ses collègues, et peu de jours après il recevait à sa table, avec sa bonne grâce habituelle, le personnel du laboratoire d'anthropologie. Aucun affaiblissement apparent de ses facultés ne donnait à supposer que quelques semaines seulement le séparaient de la mort. Il est parti sans éprouver ce sentiment douloureux de l'affaiblissement de l'esprit, qui chez certains est si cruellement senti; il a rapidement passé, comme le disait M. Alph. Milne Edwards, à ses obsèques, « de la vie intelligente et active au repos de la tombe, entouré de tous ceux qu'il chérissait, soutenu jusqu'au dernier moment par un fils qui a toujours été sa joie, et la main dans celle de sa femme bien-aimée ».

Il avait eu une belle et longue vie de travail incessant et fécond; il a eu une belle et douce mort.

Les hommes de science de tous pays ont manifesté hautement les regrets qu'inspirait la disparition de cette grande et sympathique figure. Personne n'a été plus profondément et plus sincèrement attristé que ceux que le maître avait plus intimement associés à son labeur et qui constituaient autour de lui une sorte de famille intellectuelle. Nous aimions de tout notre cœur celui que d'un mot un peu vulgaire, mais bien expressif, nous appelions entre nous *le patron*, et sa mémoire restera chère à nos souvenirs.

Nous le reverrons longtemps dans son grand cabinet plein de livres tout gonflés de signets que surchargeaient de petites notes, assis à sa table do travail, serré dans une robe de chambre brune et la tête coiffée d'un bonnet de velours. Son front largement étalé, ses yeux clairs, regardant bien en face, ses lèvres finement découpées disaient son intelligence, sa franchise, sa bonté, et l'épais collier de barbe blanche qui encadrait l'ovale du visage ajoutait à la physionomie quelque chose de patriarcal. Tous les jours il donnait audience, écoutant avec une bienveillante attention, répondant avec simplicité, prodigue de ses conseils et de ses encouragements.....

Et maintenant le grand cabinet est vide, le maître dort son dernier sommeil près de sa vieille mère bien-aimée, et les pauvres livres, gonflés de signets que surchargent de petites notes, dispersés par une volonté intelligente et généreuse, sont allés, dans les laboratoires du Muséum, apprendre aux jeunes générations le secret d'une longue vie consacrée tout entière au culte de la science.

ANGERS, IMP. BURDIN ET Cⁱᵉ, 4, RUE GARNIER.

ANGERS, IMP. A. BURDIN ET Cⁱᵉ, 4, RUE GARNIER.

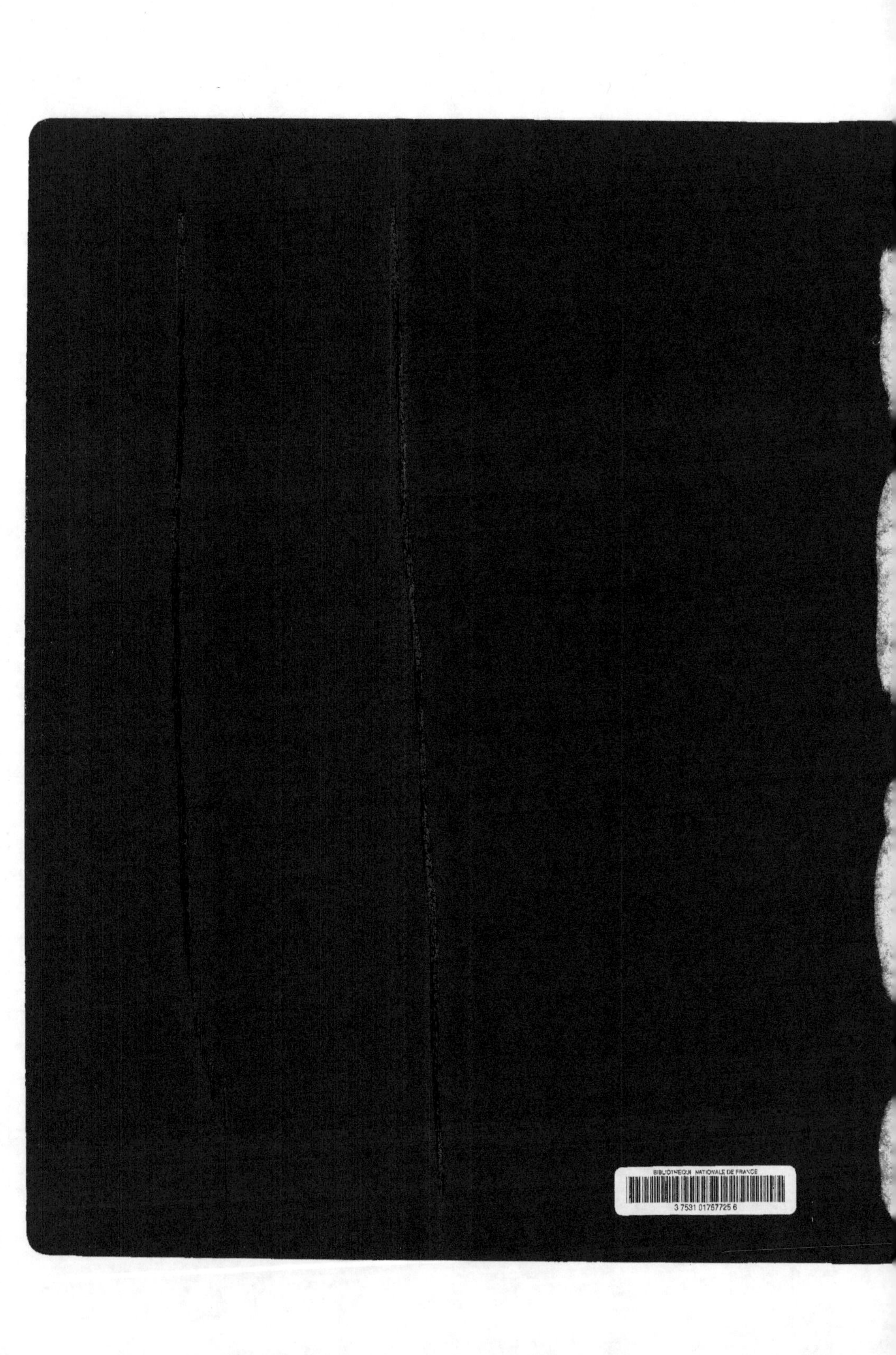